Wilhelm Bruners
Wolfgang Schwarz

Und es kam die Zeit

Ein Weg durch das Lukas-Evangelium

Mit Illustrationen von Resi Borgmeier

beerenverlag

Die Deutsche Bibliothek – CIP Einheitsaufnahme

Bruners, Wilhelm:
Und es kam die Zeit : ein Weg durch das Lukas-Evangelium /
Wilhelm Bruners ; Wolfgang Schwarz. Mit Ill. von Resi Borgmeier. -
1. Aufl.. - Frankfurt am Main : beerenverl., 2000
ISBN 3-929198-31-2

1. Auflage 4 000
Text: Wilhem Bruners, Wolfgang Schwarz
Redaktionelle Mitarbeit: Stefanie Jeller
Illustrationen: Resi Borgmeier
Umschlaggestaltung: www.formvorrat.com
Satz: Bernd Rensinghoff
Gesetzt aus der Rotis Serif und Sans Serif
Gesamtherstellung: Fuldaer Verlagsagentur, Fulda

ISBN 3-929198-31-2

beerenverlag
Mörfelder Landstraße 109
D-60598 Frankfurt
Tel.: 069/61 00 95 51
E-Mail: info@beerenverlag.de
www.beerenverlag.de

Es ist Zeit für dieses Buch. Seit mehr als zehn Jahren leben Wilhelm Bruners und Wolfgang Schwarz in Jerusalem. Wilhelm Bruners, Priester der Diözese Aachen, leitet seit 1992 die Bibelpastorale Arbeitsstelle, Jerusalem. Wolfgang Schwarz, Priester der Erzdiözese Wien, ist seit 1987 Rektor des Österreichischen Hospizes zur Heiligen Familie in Jerusalem. Beide begleiten bibelorientierte Studiengruppen im Heiligen Land. Oft werden sie gefragt, wo ihre Bibelkommentare nachzulesen sind. So entstand dieses Buch zum Lukas-Evangelium. Es ist das einzige Evangelium, das Jesus auf seinen Wegen und durch seine Zeit-Räume zwischen Geburt und Himmelfahrt begleitet. Biblisches Fachwissen und Kenntnis des Heiligen Landes kommen im Blick auf Fragen zahlreicher Teilnehmerinnen und Teilnehmer der Studiengruppen zur Sprache.
Stefanie Jeller, Theologin und durch viele Aufenthalte eine profunde Kennerin des Heiligen Landes, arbeitete kritisch an der Manuskripterstellung mit.
Resi Borgmeier, Liebhaberin des Heiligen Landes, schuf meditative Bilder.

Wer anhand des Lukas-Evangeliums die Zeit-Räume Jesu durchschreiten möchte und dabei auch Zeit für Lyrik und Gebet einplant, wird sich über dieses Buch freuen.

Alles hat seine Stunde. Für jedes Geschehen unter dem Himmel
gibt es eine bestimmte Zeit:

eine Zeit zum Gebären und eine Zeit zum Sterben,
eine Zeit zum Pflanzen
und eine Zeit zum Abernten der Pflanzen,

eine Zeit zum Töten und eine Zeit zum Heilen,
eine Zeit zum Niederreißen
und eine Zeit zum Bauen,

eine Zeit zum Weinen und eine Zeit zum Lachen,
eine Zeit für die Klage
und eine Zeit für den Tanz;

eine Zeit zum Steinewerfen und eine Zeit zum Steinesammeln,
eine Zeit zum Umarmen
und eine Zeit, die Umarmung zu lösen,

eine Zeit zum Suchen und eine Zeit zum Verlieren,
eine Zeit zum Behalten und eine Zeit zum Wegwerfen,

eine Zeit zum Zerreißen
und eine Zeit zum Zusammennähen,
eine Zeit zum Schweigen und eine Zeit zum Reden,

eine Zeit zum Lieben und eine Zeit zum Hassen,
eine Zeit für den Krieg und eine Zeit für den Frieden.

Kohelet 3,1–8

Schon viele haben sich daran gemacht, über die an uns vollbrachten Taten Bericht zu erstatten, wie sie uns die überliefert haben, die von Anfang an Augenzeugen und Diener des Wortes geworden sind. Und auch mir – der ich allem von vorn an genau nachgegangen bin – ward der Entschluß: Es für dich, hochgeehrter Theophilus, der Reihe nach niederzuschreiben, damit du die Sicherheit der Worte erkennst, über die du unterrichtet wurdest.

Lk 1,1–4

»Es war einmal . . .«

»Es war einmal ...«, so beginnen Märchen. Keine Mutter und kein Vater erzählt Kindern Jesusgeschichten und leitet sie mit »es war einmal ...« ein.
Selbst wenn abfällig über Jesus geredet wird, oder Menschen über ihn sprechen, die keine Beziehung zu ihm haben, äußert sich niemand mit dem Unterton »es war einmal ...«.
Bibelgespräche über die Evangelien leben von der Rück-Frage nach Jesus. Was hat dieser Mann *damals* zu sagen gehabt, fragen wenige. Vielmehr wird darüber ausgetauscht, was uns Jesus *heute* zu sagen hat, im Sinne von »wie spricht er jetzt zu mir« und »was hat er mir jetzt zu sagen«, auch wenn die biblischen Texte über ihn Jahrhunderte alt sind.

Von Jesus und über ihn wurde immer präsentisch gesprochen. Das Sprechen über Jesus verläuft bis heute so, als wäre er gegenwärtig. Jesus wird nicht in seiner Zeit belassen und muß nicht erst aus der Vergangenheit heraufgeholt werden. Jesus ist irgendwie mit der Zeit mitgegangen, seit er in unserer Welt gelebt hat. In den letzten zwei Jahrtausenden gab es keine Zeit, in der Jesus in Vergessenheit geraten oder in der Versenkung verschwunden wäre. Es gibt zu denken, daß Jesus nie verschwiegen wurde und letztlich nie zum Schweigen gebracht worden ist.
Selbst archäologische Forschungen haben nie seine Person zum Objekt, sondern wollen ihn in seiner Zeit besser verstehen.
Die Grundsteine für dieses Jesusbild legten die Verfasser der Evangelien. Ihr Glaube an Jesus hinderte sie daran, über

ihn »Es war einmal …«-Geschichten zu schreiben. Er bewahrte sie davor, Jesus auf den Markt der kurzlebigen Sensationsliteratur zu werfen. Sie verstehen sich auch nicht als Ghostwriter einer Autobiographie Jesu. Sie sind begnadete Autoren, die ihre LeserInnen und ihre ZuhörerInnen geschickt, aber nicht verführerisch, zu Teilnehmern am Leben Jesu machen, um so gleichsam mit ihm auf dem Weg mitzubekommen, wie er lebt und was er zum Leben zu sagen hat. Sie lassen aber diesen »Weggefährten« Jesu dabei genügend Spielraum zur persönlichen Stellungnahme, zum Weiterdenken und zur Umsetzung des Miterlebten in *ihre Zeit.* Auf diese Weise wird keiner nach der Evangelienlektüre in Allwissenheit entlassen. Er wird das mit Jesus Erlebte letztlich nie mehr los. Das Erlebte prägt *seine Zeit.*

Alles was Jesus zwischen seiner Geburt und seinem Tod und seiner Auferstehung gelebt hat, war *seine* Zeit für *unsere* Zeit, für die Zeit der Menschen, für *Deine* Zeit. Deshalb spricht keiner von und über Jesus »Es war einmal …«. Genauso spricht Jesus nicht von Dir, Du warst einmal, sondern *Du bist.*

W. S.

Gesang des Zacharias

Gepriesen der Herr, der Gott Israels!
Denn hergesehen hat er: Erlösung seinem Volk gebracht.
Uns ein Horn der Rettung hat er aufgerichtet
im Hause Davids, seines Knechtes,
wie er gesprochen durch den Mund
seiner heiligen Propheten von Weltzeit her:
Zu retten von unseren Feinden
und aus der Hand all unserer Hasser,
Erbarmen an unseren Vätern zu üben
und seines heiligen Bundes zu gedenken,
des Eides, den er Abraham, unserem Vater, geschworen.
Uns zu gewähren, daß wir ohne Furcht
– der Hand der Feinde entrissen –
in Lauterkeit und Gerechtheit vor ihm
den Dienst ihm tun all unsre Tage.
Und du, Kind: Prophet des Höchsten wirst du gerufen.
Denn dem Herrn gehst du voran, seine Wege zu bereiten;
Erkenntnis der Rettung seinem Volk zu geben
im Nachlaß ihrer Sünden
durch unseres Gottes innerstes Erbarmen,
in dem uns angesehen der Aufgang aus der Höhe,
um denen aufzuscheinen,
die in Finsternis und Todesschatten sitzen,
und unsere Füße zu lenken auf den Weg des Friedens.

Lk 1,68–79

Gesang der Maria

Groß rühmt mein Leben den Herrn,
mein Geist jubelt ob Gott, meinem Retter,
weil er die Niedrigkeit seiner Magd angeblickt.
Denn da! Von nun an preisen alle Geschlechter mich selig,
weil Großes mir getan der Kraftvolle.
Und heilig ist sein Name.
Und sein Erbarmen: Geschlecht für Geschlecht
über denen, die ihn fürchten.
Gewaltiges tut er mit seinem Arm,
zersprengt die im Herzen hochmütig Gesinnten.
Machthaber stürzt er von Thronen
und Niedrige erhöht er.
Hungernde füllt er mit Gutem
und Reiche sendet er leer weg.
Er nimmt sich Israels an, seines Knechtes,
des Erbarmens gedenkend,
so wie er unseren Vätern zugesprochen,
dem Abraham und seinem Gesproß – auf Weltzeit hin.

Lk 1,46b–55

Zeit davor

… während ich also noch mein Gebet sprach, da kam im Flug der Mann Gabriel, den ich früher in der Vision gesehen hatte; er kam um die Zeit des Abendopfers zu mir, redete mit mir und sagte: Daniel, ich bin gesandt worden, um dir klare Einsicht zu geben. Schon zu Beginn deines Gebets erging ein Gotteswort, und ich bin gekommen, um es dir zu verkünden; denn du bist (von Gott) geliebt. Achte also auf das Wort und begreife die Vision!

Siebzig Wochen sind für dein Volk
und deine heilige Stadt bestimmt,
bis der Frevel beendet ist, bis die Sünde
versiegelt und die Schuld gesühnt ist,
bis ewige Gerechtigkeit gebracht wird,
bis Visionen und Weissagungen besiegelt werden
und ein Hochheiliges gesalbt wird.

Dan 9,21–24

Die Bundeslade kehrt nach Jerusalem zurück!

Alles hat seine Zeit. Auch die Bundeslade Israels hat nur eine gewisse Zeit existiert. Im judäischen Bergland aber wird sie bis heute erinnert. Sie ist schon von weitem zu sehen!

Über dem Ort Abu Gosh, der seit der Kreuzfahrerzeit mit der Emmaustradition in Verbindung gebracht wird, steht eine große Marienfigur: Maria steht auf der Bundeslade! Die meisten Menschen fragen erstaunt nach dieser Verbindung: Bundeslade und Maria – und warum gerade hier?

Ein kleiner Holzkasten, aber er hatte es in sich. Er hatte Gottes Weisung (seine Thora) in sich. Nach biblischer Überlieferung lagen bis zu ihrem Verschwinden die Bundestafeln vom Sinai, die zehn Worte, in diesem Kasten. In Stein hatte sie der göttliche Finger eingegraben, so sagte die tiefe Legende. Aber Gott schien das nicht sicher genug. Ins Herz seines Volkes hatte Gott schließlich die zehn Worte eingeschrieben, ins Herz eines jeden würde er sie eingraben. Zum immerwährenden Gedächtnis. Steine können verlorengehen, Holzkästen auch. So war es der Bundeslade mehrmals ergangen (vgl. 1 Sam 6; 2 Sam 6). Als David sie nach Jerusalem zurückholt, ist diese Rückkehr mit Hindernissen verbunden. In Angst ruft David: »Wie soll die Lade des Herrn jemals zu mir kommen?« (2 Sam 6,9). Drei Monate bleibt sie im Haus eines gewissen Obed-Edom aus Gat stehen, »und der Herr segnete Obed-Edom und sein ganzes Haus« (2 Sam 6,11). Jetzt hat David Mut: Tanzend, hüpfend und opfernd holt er sie in die Davidstadt Jerusalem hinauf.

Lukas, der Evangelist, kennt die Bibel gut. Er kennt die Geschichte der Bundeslade, er weiß um die Hoffnungen des

Gottesvolkes. Im Buch Daniel hat er vom Schrei des jüdischen Volkes nach Befreiung gelesen. Er findet dort eine Verheißung:

> »Siebzig Wochen sind für dein Volk
> und deine heilige Stadt bestimmt, ...«
> (vgl. Dan 9,24)

Kein anderer als »der Mann Gabriel« verkündet dieses Wort. Und Lukas begreift und versteht: Der Mann Gabriel ist der Bote, der Gottes Versprechen verkündet und bestätigt: Erst an Zacharias im Tempel, dann an Maria in Nazaret (am Stadtbrunnen, sagt die griechisch-byzantinische Bildtradition). Siebzig Wochen sind es von der Ankündigung der Geburt Johannes des Täufers bis zur Präsentation Jesu im Tempel (vgl. Lk 2,22–40). »Denn meine Augen haben dein rettendes Tun gesehen ...«, sagt der alte Simeon, als er das Kind auf dem Arm hält (vgl. Lk 2,30). Auf dem langen Weg zum Tempel aber hatte Maria Station im jüdischen Bergland gemacht, wo die Bundeslade einmal drei Monate gestanden hatte. »Und von woher geschieht mir, daß die Mutter meines Herrn zu mir kommt?« (Lk 1,43), hatte ihr Elisabet entgegengerufen. Und wie einst David, so hatte Johannes, ihr Kind, vor der lebendigen Bundeslade, vor Maria, die Gottes Leben in sich trug, gehüpft. Etwa drei Monate war Maria im judäischen Bergland bei Elisabet geblieben.

Zweitausend Jahre später, nachdem Lukas diese wunderbare Geschichte, ein Geflecht von gedeuteter Erinnerung, jüdischer Hoffnungs- und Befreiungsgeschichte, biblischer Anspielung und Parallelisierung komponiert hat, stehen wir auf der Anhöhe oberhalb von Abu Gosh und verstehen, warum hier Maria auf der Bundeslade steht. Wir begreifen, wie unrecht Christen taten, als sie nicht nur Jesus, sondern auch Maria die jüdische Grundlage nahmen. Tatsächlich: Auch unsere christliche Tradition steht und fällt mit den Weisungen Gottes, die der Holzkasten, die Bundeslade, einmal in ihrem Schoß trug und die jetzt im Herzen vieler Menschen, Juden und Christen eingeschrieben sind, damit sie im gemeinsamen Tun Fleisch werden.

W. B.

»Dann stiegen aus dem Meer vier große Tiere …« (Dan 7,3)

Zukunft

Es kamen die eisernen Riesen
es kamen die hohen Tiere

Sie kommen und fahren in
silbernen Droschken und schmücken
sich mit dem Geschmeide der Zeit

Es kamen die dunklen Reiche
es kamen die mordenden Tiere

Sie kommen und herrschen die
Zeiten zu Tode und heischen
um Beifall in tödlichem Staub

Es komme ein Mensch
ein Gott komme nieder
ein Mensch steige auf
aus den Höllen der Zeit

Er komme und bringe nichts
als das Brot der Vergebung
den Wein der Versöhnung
ein Herz in den Staub

*»Da kam mit den Wolken des Himmels einer wie ein Mensch …«
(Dan 7,13)*

Wilhelm Bruners

Gebets-Zeit

Der Herr ist König, bekleidet mit Hoheit; /
der Herr hat sich bekleidet und mit Macht umgürtet.
Der Erdkreis ist fest gegründet,
nie wird er wanken.
Dein Thron steht fest von Anbeginn,
du bist seit Ewigkeit.
Fluten erheben sich, Herr, /
Fluten erheben ihr Brausen,
Fluten erheben ihr Tosen.
Gewaltiger als das Tosen vieler Wasser, /
gewaltiger als die Brandung des Meeres
ist der Herr in der Höhe.

Deine Gesetze sind fest und verläßlich; /
Herr, deinem Haus gebührt Heiligkeit
für alle Zeiten.

Psalm 93

Zeit in Betlehem

Auch Hirten waren in demselben Land auf freiem Feld – Nachtwache wachend bei ihrer Herde. Und da! Ein Engel des Herrn trat zu ihnen, und Herrlichkeit des Herrn strahlte rings um sie auf. Und Furcht überkam sie – große Furcht. Und der Engel sprach zu ihnen: Ängstet euch nicht! Denn da! Heilsbotschaft bringe ich euch – große Freude, die dem ganzen Volk widerfahren wird: Ein Retter ward euch heute geboren – er ist der Messias, der Herr – in Davids Stadt. Und dies sei euch das Zeichen: Ein Neugeborenes werdet ihr finden, das gewickelt ist und in einem Futtertrog liegt. Und plötzlich war da zusammen mit dem Engel eine Menge himmlischer Heerschar, die Gott lobte und sagte:

> Herrlichkeit Gott: in den Höhen!
> Und auf Erden: Friede den Menschen
> seines Gefallens!

Lk 2,8–14

Geboren auf Lehm

Alles hat seine Zeit. Auch eine Lehmkrippe hat ihre Zeit – bis sie ersetzt wird. Der Kirchenlehrer Hieronymus, Übersetzer der Bibel in die lateinische Sprache (Vulgata), wohnhaft in Betlehem, bedauert, daß man die Lehmkrippe durch eine silberne ersetzt hat: »... ich bewundere den Herrn, der, obwohl Weltenschöpfer, nicht zwischen Gold und Silber, sondern auf Lehm geboren wird.«* Hieronymus trifft das Zentrum! Die Geburt stellt die Welt der Gold- und Silbermächte (Augustus, Herodes) auf den Kopf: Wer schaut schon auf Betlehem am Rand der Welt – und gar in einen Futtertrog, um dort die Antwort auf seine Lebensfragen zu suchen.

»Ein Retter ward euch heute geboren
– er ist der Messias, der Herr – in Davids Stadt.«
(Lk 2,11)

Das Zeichen dafür ist:
»Ein Neugeborenes werdet ihr finden,
das gewickelt ist und in einem Futtertrog liegt.«
(Lk 2,12)

So banal, so ursprünglich ist das. Solche Botschaft kommt nicht aus der Tiefe menschlicher Wünsche, sie kommt aus der Höhe, sagt Lukas. Sie bricht aus jener Höhe ein, die uns, wenn sie in unsere Geschichtsatmosphäre tritt, nach unten zieht, jedenfalls an einen Ort, wo wir sie nie suchen würden. Unsere Blicke richten sich eher dahin, wo uns auf der Weltbühne die Mächtigen mit Glanz und Glorie blenden,

jene Mächte, die, wie Augustus oder Herodes, die Vorräume des Himmels besetzt halten. Aber: Ein Kind in einer Lehmkrippe ist Retter, Messias und Herr. »Retter« und »Herr« waren römische Kaisertitel, »Messias« ist eine jüdische Hoffnungsgestalt, die den Schalom bringen soll. Der römische »Friede«, die pax romana bzw. augustana, war mit viel Blut und Gewalt erzwungen; es war ein politisch brutaler Friede. Für Israel ließ und lässt der Messias auf sich warten. Jedenfalls unter dem römischen Frieden stöhnten sie. Für Lukas lag die Hoffnung nicht in Rom oder auf einer der Herodesfestungen und auch nicht in der Zukunft. Von unten, von ganz unten wuchs der Friede, ein Kind, dann ein Prophet, dann ein Gekreuzigter, dann ein von Gott Erhöhter ...!
Geh' nur an die Ränder, an die Ränder des Reiches und bück' dich tief! Nicht aus Angst zieh den Kopf ein, wie an der einen Fußweg von Betlehem entfernten Herodesburg, nicht aus Respekt vor römischen Hauptleuten. Beug' dich tief hinab zu diesem Kind! Es macht die Weisheit dieser Welt zur Torheit: Es zeigt die ganze weltüberlegene Weisheit Gottes. So klein machen sich die Götter und Mächte dieser Welt nicht. So groß ist Gott, verliebt, vernarrt in den Menschen, sein kostbarstes Geschöpf.

Bis heute zwingt uns die Höhle von Betlehem, überbaut von der Architektur des spätrömisch-byzantinischen Reiches, hinabzusteigen. Viele knien oder bücken sich tief. Der Ort der Lehmkrippe ist durch einen vierzehn-zackigen Stern markiert (14 ist die jüdische Zahl für David) – die Stelle der Niedrigkeit glänzt. Die Höhle atmet die verbrauchte Luft vieler Menschen. Draußen, auf den Feldern von Betlehem, am Rand der Stadt kümmern sich Menschen von Hilfsorganisationen um Kinder von heute. Kinder, die ganz unten sind. Kinder, die unsere Verbeugung brauchen. Das Kind von damals lebt, lacht, weint und stirbt in diesen Kindern. Für viele Pilger endet die Fahrt nach Betlehem in einem Souvenirshop.

W. B.

* BKV, 15, 211, zitiert in: O. Keel/M. Küchler, Orte und Landschaften der Bibel, Bd. 2, 1982, S. 628

Das Tor zum Geheimnis der Hoffnung

Der Heiland, mein Kind, ist nicht gekommen,
        um uns Lappalien zu erzählen,
Während der kurzen Zeit, die er hatte.
Was sind drei Jahre im Leben einer Welt.
In der Ewigkeit dieser Welt.
Er hatte keine Zeit zu verlieren, er hat seine Zeit
        nicht damit verloren, uns Kinkerlitzchen zu
        erzählen und uns Scherzrätsel vorzulegen.
Geistreiche Scherzrätsel.
Fein ausgeklügelte.
Zauberfragen
In Worten mit doppeltem Hintersinn und elenden
        ausgetüftelten Geistreicheleien.
Nein, er hatte nicht seine Zeit zu verlieren und seine Mühe,
Er hatte dazu keine Muße,
Seine Mühen, seine große, sehr große Mühe.
Er hat das nicht alles verschwendet, nicht
        ausgegeben, alles, sein ganzes Sein.
Nicht alles verschwendet, sich selbst, diese
        ungeheure, fürchterliche Entäußerung.
Seiner selbst, seines Wesens, von allem,
Um hinterher, auf Grund dessen, um diesen Preis,
Schließlich um einen solchen Preis uns Scharaden
Zum Entziffern zu geben.
Gaukeleien, alberne Späße, Verwechslungskünste,
Geistreiche Gaunereien wie ein Hexenmeister im Dorf.

Wie ein Spaßvogel vom Land.
Wie ein wandernder Komödiant, ein Quacksalber
in seinem Karren.
Wie der Schlaumeier des Fleckens, wie der
gerisseneste Kerl in der Schenke.

Charles Péguy

Gebets-Zeit

Der Herr ist mein Hirte,
nichts wird mir fehlen.
Er läßt mich lagern auf grünen Auen
und führt mich zum Ruheplatz am Wasser.
Er stillt mein Verlangen;
er leitet mich auf rechten Pfaden,
treu seinem Namen.
Muß ich auch wandern in finsterer Schlucht,
ich fürchte kein Unheil;
denn du bist bei mir,
dein Stock und dein Stab geben mir Zuversicht.

Du deckst mir den Tisch
vor den Augen meiner Feinde.
Du salbst mein Haupt mit Öl,
du füllst mir reichlich den Becher.
Lauter Güte und Huld werden mir folgen mein Leben lang,
und im Haus des Herrn darf ich wohnen für
lange Zeit.

Psalm 23

Zwischen-Zeit

Und seine Eltern pilgerten jedes Jahr nach Jerusalem zum Paschafest. Auch als er zwölf Jahre alt war, zogen sie nach dem Festbrauch hinauf. Und nachdem sie die Tage zu Ende gebracht, verharrte bei ihrer Heimkehr Jesus, das Kind, in Jerusalem. Und seine Eltern merkten es nicht. Aber da sie dachten, er sei in der Reisegemeinschaft, gingen sie eine Tagreise weit und suchten ihn unter den Stammesgenossen und Bekannten. Und als sie ihn nicht fanden, kehrten sie auf der Suche nach ihm zurück nach Jerusalem. Und es geschah: Nach drei Tagen fanden sie ihn im Heiligtum, wie er in der Runde der Lehrer saß, ihnen zuhörte und sie befragte. Die ihn aber hörten, gerieten außer sich ob seiner Einsicht und seiner Antworten. Und als sie ihn sahen, waren sie bestürzt, und seine Mutter sprach zu ihm: Kind, warum hast du uns das angetan? Da! Dein Vater und ich – wir suchen dich voll Kummer. Er aber sprach zu ihnen: Was brauchtet ihr mich zu suchen? Wußtet ihr nicht, daß ich bei der Sache meines Vaters sein muß? Sie aber verstanden das Wort nicht, das er zu ihnen redete. Dann ging er mit ihnen hinab und kam nach Nazaret. Und er war ihnen untertan. Und seine Mutter bewahrte all diese Worte in ihrem Herzen. Und Jesus kam voran in der Weisheit, im Wuchs und in der Gnade bei Gott und Menschen.

Lk 2,41–52

Er kam voran in der Weisheit

Alles hat seine Zeit: Auch eine Zeit zum Suchen! Einmal hatten sie ihn verloren. Doch dann, wieder gefunden, war er offenbar ein gelehriger Schüler und ein hörender Sohn der Weisungen Gottes. So möchte ihn Lukas gerne sehen: einen jungen Juden, der in die Traditionen der Mütter und Väter hineinwächst und die Lehrer zu befragen weiß.

In der Nürnberger Frauenkirche findet sich ein Schluss-Stein im Gewölbe, der den (kleinen) Schüler Jesus an der Hand der Frau Weisheit mit der Rute zeigt. Wer nicht lernen will, muß fühlen! – ein altes pädagogisches Zuchtmittel, das unsere Vorfahren sehr wohl gekannt haben.

Wir wissen über die Kinder-Zeit Jesu wenig. Denn entweder ist uns die Überlieferung so theologisch-literarisch geformt überkommen wie im Lukas- und Matthäus-Evangelium (darin zumeist in einer Form von Midraschim, einer Weise jüdischer Lehrerzählungen), oder aber das Legendäre hat, wie im apokryphen Jakobus-Evangelium (das nicht in den Kanon der Heiligen Schriften aufgenommen wurde), überhandgenommen. Dennoch dürfen wir vermuten (mit Matthäus und Lukas), daß Jesu Elternhaus religiös praktizierend war. Dann aber spielte sich das Leben in traditionell geprägten Formen ab. Dazu gehörten z. B. die regelmäßigen Wallfahrten nach Jerusalem anlässlich der großen Feste. Noch stärker aber war das tägliche Leben mit seinen religiösen Riten und Gebräuchen bestimmend: die Gebete, der Gang mit dem Vater in die örtliche Synagoge, das Studium und Auswendiglernen der Heiligen Schriften. Letzteres ist

für Juden immer sehr wichtig gewesen, damit sie die Schriften auch in bedrängten Zeiten, oft auf dem Weg ins Gefängnis oder ins Exil, im Herzen mittragen konnten.
Aus diesem religiösen Fundus seiner Kindheit hat der erwachsene Jesus geschöpft. Die große Freiheit im Umgang mit den religiösen Überlieferungen, die Art, wie er die Schrift auslegte, die Weise, wie er von Gott sprach, wären ohne ein religiös geprägtes Leben in seiner Kindheit schwer vorstellbar. Die Eltern Jesu kamen zudem aus traditionell religiösen Kreisen. Über die Mutter deutet Lukas eine priesterlich-levitische Linie an (Maria ist verwandt mit Elisabet, der Mutter des Johannes, die – nach Lk 1,5 – eine »Tochter Aarons«, aus dem Priestergeschlecht, war), Josef, der Vater, stammt aus dem Hause Davids (vgl. Lk 1,27), also dem alten Königshaus. Das wird auch durch das Matthäus-Evangelium unterstrichen, das Josef und damit auch Jesus in den Stammbaum Davids stellt. Königlich-priesterliche Prägungen verbinden Jesus mit den großen religiösen Traditionen seines Volkes. Er wurde von Anfang an damit vertraut gemacht. In seinen späteren Jahren mag es Augenblicke gegeben haben, wo nichts anderes mehr trug, als sich in die uralten Ordnungen dieser heiligen Überlieferungen fallen zu lassen. Für große, eigene Entscheidungen war da kaum mehr Kraft.

Es ist nicht auszuschließen, dass sich das Lukas-Evangelium auch auf Überlieferungen aus der Familie Jesu stützt: Es legt Wert darauf, dass sich schon der religionsmündige Jesus (»der Zwölfjährige«) im Kreis von Schriftgelehrten behaupten kann: »Die ihn aber hörten, gerieten außer sich ob seiner Einsicht und seiner Antworten.« (Lk 2,47). Er weiß, will Lukas in dieser ebenfalls midraschähnlichen Lehrerzählung

sagen, «was Sache Gottes ist«: »Wußtet ihr nicht, dass ich bei der Sache meines Vaters sein muß?« (Lk 2,49). Als *Hörer* des Wortes, der Thora, fragt er, der Junge aus Nazaret (»vom Land«), für die religiösen Fachleute erstaunlich gut. Als Lehrer der Weisheit seines Volkes zeigt er sich später u. a. in seiner Gebetskultur. Vielleicht nirgendwo wie hier, steht Jesus ganz in der Tradition seiner Mütter und Väter. Obschon die Evangelien eher zurückhaltend sind, wenn sie vom Beten Jesu sprechen, so zeigen sie uns gerade in diesem Gebet, das er seine Jünger lehrt, wie stark er geprägt ist von der Tradition jüdischen Betens. Das »Unser-Vater« verläßt in keinem Wort jüdisches Beten. Jeder Satz ist auch in biblischem Beten belegt. In diesen Zusammenhang gehören auch die Preisungen Jesu bei den Mählern. Eine Mahlzeit in den religiösen, jüdischen Familien ohne den Brauch, die Preisung über die Gaben zu sprechen, ist undenkbar.
So wächst er hinein in eine große Kultur des Preisens und Dankens seines Volkes. Solche Preisung hält sich in Israel auch durch in den dunklen Stunden, da wo sie fast wie ein Trotz klingt: Gepriesen bist du, Herr, unser Gott, der du uns diese dunkle Zeit schickst!

Jüdisches Beten schließt nichts aus. Und das Beten Jesu war das Beten seines Volkes und damit das Beten für sein Volk.

W. B.

der zimmermann

früh schon
kniet er im neubau
die nägel zwischen den lippen

denn auch in nazareth ist
der wind keine tür
der himmel kein dach

so schaffen denn seine hände
nach himmel und wind
auch türe und dach

Kurt Marti

Gebets-Zeit

Herr, mein Herz ist nicht stolz,
nicht hochmütig blicken meine Augen.
Ich gehe nicht um mit Dingen,
die mir zu wunderbar und zu hoch sind.

Ich ließ meine Seele ruhig werden und still;
wie ein kleines Kind bei der Mutter
ist meine Seele still in mir.

Israel, harre auf den Herrn
von nun an bis in Ewigkeit!

Psalm 131

Zeit in der Wüste

Jesus aber, voll heiligen Geistes, kehrte vom Jordan zurück und wurde – durch den Geist in die Ödnis gebracht – für vierzig Tage vom Teufel versucht. Und er aß nichts in jenen Tagen. Und als sie vollendet waren, wurde er hungrig. Sprach der Teufel zu ihm: Wenn du Gottes Sohn bist, so sprich zu diesem Stein, daß er Brot werde. Aber Jesus antwortete ihm: Es ist geschrieben: Nicht von Brot allein lebt der Mensch. Und er brachte ihn hinauf, zeigte ihm alle Königtümer der bewohnten Welt in einem Augenblick. Und der Teufel sprach zu ihm: Dir gebe ich all diese Vollmacht und ihre Herrlichkeit; denn mir ist sie übergeben. Und wem ich will, gebe ich sie. Wenn du dich nun vor mir tief verneigst, gehört dir alles. Da hob Jesus an und sprach zu ihm: Es ist geschrieben:

> Tief verneigen sollst du dich vor dem Herrn,
> deinem Gott, und ihm allein den Dienst tun.

Er brachte ihn nach Jerusalem, stellte ihn auf die Zinne des Heiligtums und sprach zu ihm: Wenn du Gottes Sohn bist, so stürze dich da hinab! Denn es ist geschrieben:

> Seinen Engeln gibt er Weisung deinethalben,
> dich zu behüten.
> Und: Auf Händen tragen sie dich,
> damit du mit deinem Fuß nicht stößt an einen Stein.

Da hob Jesus an und sprach zu ihm: Es ist gesagt: Versuche nicht den Herrn, deinen Gott! Und als alle Versuchung vollendet war, wich der Teufel von ihm – bis zur Zeit.

Lk 4,1–13

Keine Verneigung vor den Mächten der Welt

Alles hat seine Zeit. Es war höchste Zeit für den etwa 30-jährigen Jesus, seine Vaterstadt Nazaret zu verlassen. Es bot sich eine gute Gelegenheit dazu. Sein fast gleichaltriger Verwandter Johannes begann gerade damit, in der Jordangegend den Menschen eine *neue Zeit* – die Zeit des heiß erwarteten Messias – anzukündigen. Durch Umkehr ihres bisherigen Lebensstils sollten sie sich darauf vorbereiten. Kleidung und Essen sollten sie mit den Armen teilen. Den Zöllnern verlangte er ab, mit ihren Wucherzöllen Schluss zu machen. Und von Soldaten forderte er, die Menschenwürde zu respektieren und ihren Sold nicht durch unrecht erworbenes Geld aufzubessern. Und wenn sie sich alle noch dazu im Jordan taufen ließen, garantierte ihnen Johannes Nachlass ihrer Sünden.

Jesus verlässt Nazaret und schließt sich dieser Umkehrbewegung an. Er lässt sich von Johannes im Jordan taufen. Doch in diesem Moment greift Gott ganz massiv ins Leben Jesu ein und spricht ihn persönlich an. In einer Privatoffenbarung teilt er ihm seine wahre Identität mit: »Du bist mein Sohn, der Geliebte« (Lk 3,22). Diese Anrede musste Jesus als gläubigem Juden, dem der Psalm 2 wahrscheinlich auswendig geläufig war, schlagartig die Augen öffnen. Denn so nennt Gott nur den Gesalbten, den *Messias* (vgl. Ps 2,7). Aber gleichzeitig verschweigt ihm Gott nicht sein Schicksal, denn er fügt hinzu: »An dir habe ich Gefallen«. So spricht der große Prophet Jesaja zum ersten Mal vom *Knecht Gottes* (Jes 42,1). Auf ihn legt Gott seinen Geist, sagt der Prophet. Jesus als sicherem Kenner der Schrifttradition seines Volkes mussten nun auch die Umstände dieser

Privatoffenbarung zu denken geben, denn der Heilige Geist stieg dabei – aussehend wie eine Taube – leiblich auf ihn aus dem geöffneten Himmel hernieder. Damit wußte Jesus, was ab nun auf ihn zukommt, denn der Prophet setzt folgendermaßen fort:

> »Er (der Knecht Gottes) schreit nicht und lärmt nicht, und läßt seine Stimme nicht auf der Straße erschallen.
> Das geknickte Rohr zerbricht er nicht, und den glimmenden Docht löscht er nicht aus; ja er bringt wirklich das Recht.
> Er wird nicht müde und bricht nicht zusammen, bis er auf der Erde das Recht begründet hat. Auf sein Gesetz warten die Inseln …
> Ich, der Herr, habe dich aus Gerechtigkeit gerufen, ich fasse dich an der Hand.
> Ich habe dich geschaffen und dazu bestimmt, der Bund für mein Volk
> und das Licht für die Völker zu sein:
> blinde Augen zu öffnen,
> Gefangene aus dem Kerker zu holen
> und alle, die im Dunkeln sitzen, aus ihrer Haft zu befreien.«
>
> (Jes 42,2–4.6.7)

Eine *neue Zeit* im Leben Jesu bricht an. Die *neue Zeit*, von der Johannes gesprochen hatte.

Und von nun an treibt der heilige Geist Jesus herum. Seine erste Station ist die Ödnis, die Wüste. Für 40 Tage. So wie das Gottesvolk Israel 40 Jahre Wüstenerfahrung sammeln musste. Lernen, ausschließlich mit Gottes Hilfe zu überleben. Reinigung von allen selbstsüchtigen Gedanken. Kennenlernen von Verlassenheit und von Schutzlosigkeit. Nur Gott ist da. Und mit dem Hunger tauchen aus dem menschlichen Unterbewusstsein teuflische Versuchungen auf. Sie sprechen die alten Träume des Menschen gezielt an: Macht-Hunger. Steine zu Brot werden lassen. Sich vor den bösen Mächten der Welt verneigen, die ihren Getreuen die Macht über die Länder der Welt und die dort Wohnenden delegieren. Und Dinge zu tun, die gewöhnlich das Leben kosten, aber kraft der eigenen Macht dennoch zu überleben.

Die Sehnsüchte des Menschen nach grenzenloser Macht, die er letztlich nicht haben kann, weil er nicht Gott ist, decken seine Erlösungsbedürftigkeit auf. Die Menschen brauchen Gott als Retter, weil sie nicht Voll-Macht über ihr Leben haben.
Jesus begegnet den Versuchungen des Macht-Hungers gestützt auf die Weisungen seiner Heiligen Schriften aus dem jüdischen Gesetzbuch, aus der Thora. Aus ihr hat er gelernt: Der Mensch lebt nicht nur vom Brot (vgl. Dtn 8,3). Vor dem Herrn, deinem Gott, sollst du dich niederwerfen und ihm dienen (vgl. Dtn 5,9; 6,13). Du sollst den Herrn, deinen Gott, nicht auf die Probe stellen (vgl. Dtn 6,16). Diese Argumente verdrängen die Macht seiner Versuchungen, vorläufig, *»bis zur Zeit«* (Lk 4,13). Dann werden sich die zerstörenden teuflischen Mächte in Jerusalem des Jesusfreundes Judas bemächtigen (Lk 22,3). Und gegen eine bewaffnete Übermacht wird kein Thorawort standhalten. Dann ist nicht die Zeit der Thora. Gegenüber jeglichen Waffen der Menschen verliert selbst Gottes Gesetz seine Macht. Das sind *die Stunden der Menschen*, in denen die Vollmacht der

Finsternis herrscht, wie Jesus vor seiner Verhaftung einsehen wird (vgl. Lk 22,53).

Die *Zeit der Vollmacht der Finsternis* dauert *Stunden,* der Rest der Zeit ist Gottes *Zeit, seine Zeit.*

W. S.

Unendlich

Vergiß
Deine Grenzen

Wandre aus

Das Niemandsland
Unendlich nimmt dich auf

Rose Ausländer

Gebets-Zeit

Warum toben die Völker,
Warum machen die Nationen vergebliche Pläne?
Die Könige der Erde stehen auf,
die Großen haben sich verbündet
gegen den Herrn und seinen Gesalbten.
»Laßt uns ihre Fesseln zerreißen
und von uns werfen ihre Stricke!«
Doch er, der im Himmel thront, lacht,
der Herr verspottet sie.

Dann aber spricht er zu ihnen im Zorn,
in seinem Grimm wird er sie erschrecken:
»Ich selber habe meinen König eingesetzt
auf Zion, meinem heiligen Berg.«
Den Beschluß des Herrn will ich kundtun. /
Er sprach zu mir: »Mein Sohn bist du.
Heute habe ich dich gezeugt.
Fordere von mir, und ich gebe dir die Völker zum Erbe,
die Enden der Erde zum Eigentum.
Du wirst sie zerschlagen mit eiserner Keule,
wie Krüge aus Ton wirst du sie zertrümmern.«

Nun denn ihr Könige, kommt zur Einsicht,
laßt euch warnen, ihr Gebieter der Erde!
Dient dem Herrn in Furcht,
und küßt ihm mit Beben die Füße,
damit er nicht zürnt
und euer Weg nicht in den Abgrund führt.
Denn wenig nur, und sein Zorn ist entbrannt.
Wohl allen, die im vertrauen!

Psalm 2

Zeit in Nazaret

Und er, Jesus, war – als er anfing – um dreißig Jahre alt. Er war – wie man meinte – der Sohn Josefs (...).

Lk 3,23

Und Jesus kehrte in der Kraft des Geistes nach Galiläa zurück. Und ein Gerücht über ihn drang hinaus über das ganze Umland hin. Und er lehrte in ihren Synagogen – verherrlicht von allen. So kam er nach Nazaret, wo er aufgezogen worden war, und ging nach seiner Gewohnheit am Sabbattag in die Synagoge.

Lk 4,14–16c

Der heimgekehrte Sohn

Alles hat seine Zeit. Nach Hause kommen. Heimatluft atmen. Die Vaterstadt wiedersehen. Es ist Zeit für Nazaret, für die Stadt auf einer der Hügelketten Galiläas westlich vom See Gennesaret. Jesus hatte dort von Kindheit an mit Maria und Josef, seinen Eltern, gelebt. Es war der Ort, wo er aufgezogen wurde. Es war der Ort, in dem er den größten Teil seines Lebens verbrachte, wo er sich Wissensbildung und Glaubensreife erworben hatte. Und die Bewohner von Nazaret hatten ihn schätzengelernt. Jesus war kein Unbekannter in seiner Vaterstadt. Dort hielt man ihn für den Sohn Josefs (vgl. Lk 3,23). Und dabei wäre es wohl geblieben, hätte er nicht für einige Wochen Nazaret verlassen. Es waren entscheidende Wochen für ihn. Er ließ sich in dieser Zeit von Johannes, seinem Verwandten, im Jordan taufen. Jesus erwies sich dadurch mit jenen vielen Menschen solidarisch, die sich durch Zeichen der Umkehr und durch die Taufe auf die bald erwartete *neue Zeit*, die Zeit des Messias, vorbereiteten. Aber Worte einer Stimme aus dem Himmel veränderten sein Leben: »Du bist mein Sohn, der Geliebte«. Die Himmelsstimme ist Gottes Stimme. Und als Gottes geliebter Sohn war der Messias für Israel angekündigt.
Schon etwa 30 Jahre früher kam »der Mann Gottes«, Gabriel, völlig überraschend zu Jesu Mutter nach Nazaret und teilte ihr mit, dass Heiliger Geist in ihr einen Sohn zeugt und er Sohn Gottes gerufen werden wird. Sie sollte ihm den Namen Jesus geben, was soviel bedeutet wie »Gott rettet«. Aufsehenerregendes ereignete sich einige Tage nach seiner Geburt in Jerusalem. Seine Mutter erfüllte die im Judentum vorgeschriebenen Reinigungsriten. Und da sie einen Knaben zur

Welt gebracht hatte, musste auch für ihn im Heiligtum ein Opfer dargebracht werden. Dabei geriet ein eben anwesender alter Mann, Simeon, außer sich und sprach rätselhaft:

»Nun entläßt du deinen Knecht, Gebieter,
nach deinem Wort in Frieden.
Denn meine Augen haben dein rettendes Tun
gesehen,
das du bereitet hast vor aller
Völkerstämme Angesicht.
Enthüllendes Licht: den Völkern!
Und Herrlichkeit: deinem Volk Israel!«

(Lk 2,29–32)

Und über den Sohn sagte er:

»Da! Dieser ist bestimmt zu Fall und Auferstehen
vieler in Israel und zu einem Zeichen,
dem widersprochen wird.«

(Lk 2,34)

Auch eine greise Prophetin, Hanna, war dort. Sie brachte das Kind mit der langerwarteten Erlösung Jerusalems in Zusammenhang.
Bei der Taufe Jesu hat sich dieser Kreis geschlossen. Was schon damals, vor und nach seiner Geburt, mehrfach ausgesprochen und angedeutet worden war, bekommt Jesus nun durch die Himmelsstimme selbst zu hören: »Du bist mein Sohn, der Geliebte.«

Jesus kehrt nach Nazaret zurück: als Sohn seiner Vaterstadt, aber auch bewusst, »der geliebte Sohn« zu sein. Als

Sohn seiner Heimat geht er wie gewohnt am Sabbat in die Synagoge. Dort wartet er nicht ab, ob man ihn um die Schriftlesung bitten würde. Er selbst macht Anstalten, nun vorlesen zu wollen. Die Jesaja-Rolle wird ihm in die Hand gedrückt. Und er schlägt nicht einen Text auf, der der liturgischen Leseordnung der Sabbatgottesdienste entspricht, sondern er wählt folgende Schriftstelle aus und liest:

»Geist des Herrn ist auf mir,
weil er mich gesalbt:
Armen Heilsbotschaft zu bringen,
hat er mich gesandt.
Gefangenen Freilassung zu künden,
Blinde aufblicken zu lassen,
Unterjochte in Freilassung zu senden,
anzukünden das Jahr, das willkommen ist
dem Herrn.«

(Lk 4,18.19)

Mit diesem und mit anderen Texten hatte einst Jesaja das zermürbte Volk Israels und die verzweifelten Juden aus Jerusalem, die alle unter dem Exil in Babylon litten, Mut gegeben. Er gab seinen Landsleuten die Vision, das von den Feinden zerstörte Jerusalem wird wieder prächtig aufgebaut, der Gesalbte, der Messias, sorgt dafür, dass das geschundene Israel in seiner alten Würde wiederhergestellt wird (vgl. Jes 60;61). Es wird so sein wie in jedem 50. Jahr, dem Jobeljahr. So, wie es im heiligen Buch Levitikus (Kapitel 25) beschrieben ist: Freiheit für alle, die in Knechtschaft geraten sind und was in Not verkauft werden musste, geht an den früheren Eigentümer zurück.

Was für einen Augenblick erlebt die Synagoge von Nazaret an diesem Sabbat. Der wieder heimgekehrte Sohn der Stadt, einer von ihnen, der geliebte Sohn Gottes, der Messias, gibt sich zu erkennen. Mit einem einzigen Satz: »Heute ist erfüllt worden dieses Schriftwort, das ihr in den Ohren habt.« (Lk 4,21). Staunen erfasst die Runde über die wohltuenden Worte Jesu. Ein Jobeljahr. Ja, *es wird Zeit* für so ein Jahr! Der Druck der Römer auf Israel ist schon lange unerträglich. Ein Jobeljahr soll anbrechen, das haben sie verstanden. Aber in Jesus den messianischen Garant dafür zu erkennen, diese Botschaft ging daneben. Für die Menschen in Nazaret ist und bleibt er der Sohn Josefs.
Jesus versucht es nochmals, agressiv, um die Situation zu retten. »Kein Prophet ist willkommen in seiner Vaterstadt« (Lk 4,24), schleudert er ihnen ins Gesicht. Und wie in seiner Muttersprache üblich, setzt er noch ein Amen, »Wahr ist's«, davor. Und verärgert erinnert er die in der Synagoge Versammelten an die Zeit des Elija und des Elischa. Wunderbar geholfen haben diese beiden Gottesmänner nur wenigen Auserwählten, aber diese waren Heiden, da sich das Volk Israel samt seinen Königen völlig ablehnend gegen die beiden verhalten hatte, sogar seinen Spott mit ihnen trieb.
Nun war die Stimmung in der Synagoge ausgereizt. Jesus hatte sein Nest beschmutzt, den Stolz der Nazareter Bürger getroffen. Ihre Stadt ist von steilen Abhängen umgeben. Angreifende Feinde scheitern an ihnen, dem »einstigen Sohn« ihrer Stadt sollen sie den Tod bringen. Jesus aber, selbstbewusst geworden in seinem »neuen« Sohnsein, schreitet mitten durch die rasende Menge hindurch und geht. In Nazaret ist die *neue Zeit* rasch stehengeblieben.
Für Nazaret hatte Jesus *nie wieder Zeit.*

W. S.

ortlos

dir fern
im warten
herzhörig
in rebellischer landschaft

die spätsonne
traumgelb
rollte tiefer
verbraucht
über die blickhügel

unseren sprachdächern

am innersten
eingewachsen
hitzehügel
woran hochgeseilt
die festeren ziele
ortlos
herzentkommen
in verwundeter wirklichkeit

sie sind schön
doch immer gegensinnig
dem zugefügten

es ist nicht deine zeit

Markus Jaroschka

Gebets-Zeit

Ich hebe meine Augen auf zu den Bergen:
Woher kommt mir Hilfe?
Meine Hilfe kommt vom Herrn,
der Himmel und Erde gemacht hat.

Er läßt deinen Fuß nicht wanken;
er, der dich behütet, schläft nicht.
Nein, der Hüter Israels
schläft und schlummert nicht.
Der Herr ist dein Hüter, der Herr gibt dir Schatten;
er steht dir zur Seite.
Bei Tag wird dir die Sonne nicht schaden
noch der Mond in der Nacht.

Der Herr behüte dich vor allem Bösen,
er behüte dein Leben.
Der Herr behüte dich,
wenn du fortgehst und wiederkommst,
von nun an bis in Ewigkeit.

Psalm 121

Zeit in Kafarnaum

Und er ging nach Kafarnaum hinab, einer Stadt Galiläas – und er lehrte sie am Sabbat. Da waren sie bestürzt ob seiner Lehre; denn vollmächtig war sein Wort. Und in der Synagoge war ein Mann, der hatte einen Geist – den eines unreinen Abergeistes – und er schrie auf mit gewaltiger Stimme: He! Was willst du von uns, Jesus von Nazaret? Du bist gekommen, uns zugrunde zu richten. Ich weiß, wer du bist: der Heilige Gottes. Aber Jesus herrschte ihn an und sagte: Verstumm und fahre von ihm aus! Und ihn in die Mitte stoßend fuhr der Abergeist von ihm aus, ohne ihm geschadet zu haben. Und es geschah: Ein Schauder war über allen, und sie redeten miteinander und sagten: Was ist das für ein Wort! Denn in Vollmacht und Kraft gebietet er den unreinen Geistern, und sie fahren aus. Und hinaus lief das Gerede über ihn, an jeden Ort des Umlandes.

Lk 4,31–37

Das Gericht bleibt aus

Alles hat seine Zeit! Auch das Reden über das Gottesgericht. Aber dieses Gerede kann leicht zu einer Gottesangst entarten. Schließlich zu einer »Gottesvergiftung« (T. Moser)! Wer davon befallen ist, schlägt sich, sofern er/sie nicht in gute und barmherzige geistliche Begleitung gelangt, ein Leben lang zumindest mit einer »Gewissensentzündung« herum: »Wenn ich an Gott denke, habe ich sofort ein schlechtes Gewissen.« Sicher ist aber: Wer immer ein schlechtes Gewissen hat, hat im Grunde keines! Denn allein die Unterscheidung der Geister führt zu einem verantwortlichen Leben. Hier liegt eine große Verantwortung der Frauen und Männer, die Religion »verwalten«. Nicht immer sind sie vor der Versuchung gefeit, Menschen mit Gott ein ängstliches Gewissen zu machen. Ängstliche Menschen ließen sich besser »regieren« und leiten, meinen sie. Im Grunde aber haben sie Menschen dann mit Gott gestraft.

Vor zweitausend Jahren begegnet Jesus, so erzählt Lukas, an einem Sabbat in der Synagoge von Kafarnaum einem Mann, der ihn mit den Worten empfängt: »He! Was willst du von uns, Jesus von Nazaret? Du bist gekommen, uns zugrunde zu richten. Ich weiß, wer du bist: der Heilige Gottes.« (Lk 4,34). Die Angst sitzt tief im Menschen, wer mit Gott oder seinem Heiligen zu tun bekommt, wird verurteilt, vernichtet. Das Kommen Gottes oder seines Messias, seines Propheten oder wie auch immer der Herold heißen mag, bringt Gericht, Unheil, verheißt jedenfalls nichts Gutes. Besser, er bleibt draußen und das Leben geht weiter, irgendwie.

Aber wie soll sich der Mensch auf Gottes Kommen vorbereiten? Israel war über diese Frage in viele Gruppen zerstritten; die Kirchen sind es bis heute im Grunde auch: Wie sollen wir uns auf das (Wieder-)Kommen des Christus (jüdisch: Messias) vorbereiten?

In den jüdischen Streit tritt Jesus mit dem Evangelium, der wunderbaren Nachricht vom Jahr, »das willkommen ist dem Herrn« (Lk 4,19). Von Gerichtsbotschaft keine Spur! Im Gegenteil! Der Evangelist Lukas lässt Jesus in der Synagoge von Nazaret mit Worten des Jesajabuches ein Jobeljahr, ein Erlassjahr aller Schuld ausrufen (vgl. Lk 4,18). Woher nimmt er diesen Mut? Für die Evangelisten liegt der Grund in einer tiefen Selbsterfahrung Jesu. Bei seiner Taufe im Jordan ist eine Stimme des Himmels laut geworden:

> »Du bist mein Sohn, der Geliebte.
> An dir habe ich Gefallen.« (Lk 3,22)

Es ist die uralte Stimme, die Israel begleitet hat, seit eine alte Frau und ein alter Mann aus ihrer Heimat aufbrachen und sich ganz auf Gottes geheimnisvollen Weg einließen: Sara und Abraham!
Der Geist dieser Stimme treibt Jesus, Israel erneut in diesem Glauben zu bestärken. Nicht religiöse Streitigkeiten, Abgrenzungen, Ängste, Gottes-Ängste sollen es bedrängen. Das Gefallen Gottes steht jedem ins Gesicht geschrieben. Und dieser geliebte Sohn-Gottes und Menschen-Sohn sieht es auch im Gesicht der Gezeichneten, der Kranken und Randexistenzen; ja sogar im Gesicht der Sünder – und der Völker. Die Botschaft scheint un-glaublich.

Lieber warten alle zwanghaft auf Gottes Gericht: Strafe muss sein! Bei Jesus ist von diesem Gericht aber vorerst nicht die Rede. Das irritiert seine ZuhörerInnen, nicht nur in Nazaret. Sie kannten und erwarteten es anders. Deshalb waren einige Bußfertige zu Johannes an den Jordan gezogen.

Unvorstellbar offensichtlich, dass Gott dich liebt, dass er dich lieben kann, nicht nur in Vorankündigungen und nach langen Bußprozessen, und nicht nur allgemein, sondern ganz persönlich. Und wenn er dir ins Herz schreibt »geliebt« – warum nicht auch all den anderen? Würden wir es glauben, in einem Augenblick wären die religiösen Besserwissereien im Wind verweht und wir würden uns und den Menschen neben uns als den sehen, der er in Wahrheit ist: Tochter, Sohn, jedenfalls geliebt – und das Königtum Gottes hätte in Wahrheit begonnen. Trotzdem bereiten wir uns täglich weiterhin das Gericht, nehmen Gott Entscheidungen aus der Hand und wissen, was richtig und falsch ist. Der »Biss der Erkenntnis«, der uns das Paradies gekostet hat, wirkt weiter mit seinem Gift. Die Therapie Jesu, die er an dieser kranken Welt praktiziert, ist auf Langzeit angelegt. Er sucht Verbündete – nicht nur Zwölf, nicht nur Männer, nicht nur Gesunde, nicht nur Juden, nicht nur Christen … und nicht nur in einem Heiligen Jahr!

W. B.

An jenem Tage

An jenem Tage,
der kein Tag mehr ist –
vielleicht wird er sagen:

> Was tretet ihr an
> mit euren Körbchen voller Verdienste,
> die klein sind wie Haselnüsse
> und meistens hohl?
> Was wollt ihr
> mit euren Taschen voller Tugenden,
> zu denen ihr gekommen seid
> aus Mangel an Mut,
> weil euch Gelegenheit fehlte
> oder
> durch fast perfekte Dressur?
>
> Habe ich euch
> davon nicht befreit?
>
> Wissen will ich:
> Habt ihr die andern
> angesteckt mit Leben?

Joachim Dachsel

Herr, unser Herrscher, /
wie gewaltig ist dein Name auf der ganzen Erde;
über den Himmel breitest du deine Hoheit aus.

Aus dem Mund der Kinder und Säuglinge schaffst du dir Lob, /
deinen Gegnern zum Trotz;
        deine Feinde und Widersacher müssen verstummen.
Seh' ich den Himmel, das Werk deiner Finger,
        Mond und Sterne, die du befestigt:
Was ist der Mensch, daß du an ihn denkst,
        des Menschen Kind,
        daß du dich seiner annimmst?

Du hast ihn nur wenig geringer gemacht als Gott,
        hast ihn mit Herrlichkeit und Ehre gekrönt.
Du hast ihn als Herrscher eingesetzt
über das Werk deiner Hände,
        hast ihm alles zu Füßen gelegt:
All die Schafe, Ziegen und Rinder
        und auch die wilden Tiere,
die Vögel des Himmels und die Fische im Meer,
        alles, was auf den Pfaden der Meere dahinzieht.

Herr, unser Herrscher,
        wie gewaltig ist dein Name
        auf der ganzen Erde!

Psalm 8

Zeit auf dem Weg

Es geschah aber ungefähr acht Tage nach diesen Worten: Er nahm Petrus und Johannes und Jakobus mit und stieg auf den Berg, um zu beten. Und es geschah, während er betete, ward das Aussehen seines Gesichts anders, und sein Gewand blitzend weiß. Und da! Zwei Männer sprachen mit ihm: Es waren Mose und Elija, die – sichtbar geworden in Herrlichkeit – seinen Ausgang ansagten, den er in Jerusalem zu vollenden habe. Petrus aber und die mit ihm, waren schwer benommen vom Schlaf. Hellwach geworden sahen sie seine Herrlichkeit und die zwei Männer, die bei ihm standen. Und da geschah es: Als sie sich von ihm trennen wollten, sprach Petrus zu Jesus: Meister, gut ist es, daß wir hier sind! So laßt uns drei Zelte machen: eins dir, eins Mose und eins Elija. Er wußte ja nicht, was er sagte. Aber während er das sagte, kam eine Wolke und überschattete sie. Furcht ergriff sie, während sie in die Wolke eingingen. Und eine Stimme geschah aus der Wolke, die sagt:

> Das ist mein Sohn, der Auserwählte.
> Auf ihn hört!

Und als die Stimme kam, fand sich Jesus allein, und sie schwiegen. Keinem berichteten sie in jenen Tagen von dem, was sie gesehen.

Lk 9,28–36

Wo bleibt das Jobeljahr?

Alles hat seine Zeit. Wie aber, wenn die Zeit nicht erkannt wird? Nicht einmal erkannt werden kann?

Von Erfolg kann er nicht reden. Als Jesus Galiläa verlässt, da muss er »das Angesicht fest auf den Weg nach Jerusalem« richten (Lk 9,51). Jerusalem ist die Stadt, deren ansichtig geworden, ihm die Tränen kommen: »Hättest auch du erkannt an diesem Tag, was dir zum Frieden ist« (Lk 19,42). Über Jerusalem steht die nahe Katastrophe, die im Jahre 70 n. Chr. mit aller Wucht durch römische Soldaten kam. Aber zunächst kam die Katastrophe für Jesus selbst.

Er ist heimatlos geworden. Nazaret hatte ihn früh – nach der lukanischen Überlieferung – verstoßen. Sein Auftritt in der Synagoge hatte ihn fast das Leben gekostet (vgl. Lk 4,29); bei allen Evangelisten, nicht nur bei Lukas, ist die Distanz zu Nazaret groß. Seine Jünger sind eher unverständig, haben Angst und staunen: »Wer ist doch dieser, daß er auch den Winden befiehlt und dem Wasser – und sie gehorchen ihm.« (Lk 8,25).

Es sind eher Fremde, die zum Glauben kommen oder in seinen Gleichnissen als Vorbilder auftauchen: der Hauptmann von Kafarnaum (Lk 7,1–10); der barmherzige Samariter (Lk 10,25–37); der gläubige Samariter (Lk 17,11–19) u. a. ...
Das alles führt in eine Identitätskrise, auch wenn Lukas hier gegenüber dem Markusevangelium eher vorsichtig ist. Am Ende der Galiläazeit steht die unsichere Frage: »Was sagen die Scharen, wer ich sei?« (Lk 9,18). Er stellt sie (bei Lukas),

als er alleine im Gebet ist und nur die Jünger bei ihm sind. So fragt keiner, der in sich ruht. Und gleich erfahren wir auch, was ihn innerlich umtreibt. Selbst das Bekenntnis des Petrus, er sei »der Messias Gottes« (Lk 9,20) ist da keine Hilfe: »Doch er herrschte sie an und gab Weisung, dies keinem zu sagen« (Lk 9,21). Die Tonlage ändert sich. Hat er bisher das Lösejahr des Herrn in Tat und Wort verkündet, dann spricht er jetzt von etwas anderem.

»Er sprach, es müsse sein, daß der Menschensohn viel leide, verworfen werde von den Ältesten, Hohenpriestern und Schriftgelehrten, getötet – und am dritten Tag auferweckt werde« (Lk 9,22). Nach Markus reagiert Petrus wütend auf diese Ankündigung (vgl. Mk 8,32).

Den inneren Weg, den Jesus bis zu diesem Zeitpunkt gegangen ist, müssen die Jünger noch nachvollziehen, ehe sie verstehen. Es wird erst in der Kraft des Geistes nach Ostern sein, sagt Lukas (vgl. Lk 24,49).

Wie sollten sie auch verstehen, wenn sie jetzt hören: »Wenn einer hinter mir hergehen will, der sage sich los von sich und nehme sein Kreuz auf, Tag um Tag – und so folge er mir« (Lk 9,23)? Unter diesem Titel waren sie ihm nicht gefolgt. Wo war das Befreiungsjahr?

Und der, der ihnen diese Zukunft zumutete? Auch er braucht Unterstützung. Wo bekam er sie? Wieder steigt er auf den Berg, um zu beten. Drei Jünger nimmt er mit. Und dann sind sie da, die Propheten, die auch die Einsamkeit des Berges im Gebet erfahren haben, ehe sie die Herrlichkeit Gottes sahen: Mose und Elija, sie reden mit ihm über seinen Weg nach Jerusalem …

Doch die Erinnerung an Mose und Elija würde letztlich auch nicht genügen, wenn da nicht noch die ganz andere Stimme wäre, die Stimme des Anfangs:

»Das ist mein Sohn, der Auserwählte.
Auf ihn hört!« (Lk 9,35)

Ohne diese Stimme, die er schon bei der Taufe gehört hat und die jetzt die Jünger miteinbezieht, würde er seine Sicherheit und Entschiedenheit nicht wiederfinden. Er bleibt der Geliebte, der Auserwählte! Gott zieht seine Zusagen nicht zurück. Der Bund ist nicht gebrochen. Aber es ist fortan ein noch mühsamerer Weg, der allen viel abverlangt: Gott und Mensch. Und nur wenn beide diese Krise gemeinsam durchstehen, geschieht Rettung. Jesus selbst erkennt, wie schwer es ist, mit dem, was Menschen anhängt an Reichtümern und Traditionen, auf dem Weg zu bleiben; auf dem Weg in das Königtum Gottes, das vorerst nur senfkorngroß ist. Aber er geht seinen Weg weiter. Er freut sich über alle, die zum Königtum Gottes finden oder sich von ihm finden lassen (vgl. Lk 15,1–32) und ist voll Not um die, denen Sorge und Reichtum den Blick versperren für die Armut der Menschen draußen vor der Tür (vgl. Lk 16,19–31).

Den mühsamen Weg, für den jüdische Pilger vom Norden nach Jerusalem vier bis fünf Tage brauchten, legt der moderne Pilger im klimatisierten Bus in drei Stunden zurück. Er hat kaum Zeit, der Stimme des Pilgers von damals in sich nachzuhorchen.

W. B.

Ecce Homo

Weniger als die Hoffnung auf ihn

das ist der Mensch
einarmig
immer

Nur der gekreuzigte
beide Arme
weit offen
der Hier-Bin-Ich

Hilde Domin

Gebets-Zeit

Wie der Hirsch lechzt nach frischem Wasser,
so lechzt meine Seele, Gott, nach dir.
Meine Seele dürstet nach Gott,
nach dem lebendigen Gott.
Wann darf ich kommen
und Gottes Antlitz schauen?
Tränen waren mein Brot bei Tag und bei Nacht;
denn man sagt zu mir den ganzen Tag:
»Wo ist nun dein Gott?«
Das Herz geht mir über, wenn ich daran denke: /
wie ich zum Haus Gottes zog in festlicher Schar,
mit Jubel und Dank in feiernder Menge.

Meine Seele, warum bist du betrübt
und bist so unruhig in mir?
Harre auf Gott; denn ich werde ihm noch danken,
meinem Gott und Retter,
auf den ich schaue.

Betrübt ist meine Seele in mir,
darum denke ich an dich
im Jordanland, am Hermon, am Mizar-Berg.
Flut ruft der Flut zu beim Tosen deiner Wasser,
all deine Wellen und Wogen
gehen über mich hin.
Bei Tag schenke der Herr seine Huld;
ich singe ihm nachts
und flehe zum Gott meines Lebens.

Ich sage zu Gott, meinem Fels:
»Warum hast du mich vergessen?
Warum muß ich trauernd umhergehen,
von meinem Feind bedrängt?«
Wie ein Stechen in meinen Gliedern
ist für mich der Hohn der Bedränger;
denn sie rufen mir ständig zu:
Wo ist nun dein Gott?

Meine Seele, warum bist du betrübt
und bist so unruhig in mir?
Harre auf Gott; denn ich werde ihm noch danken,
meinem Gott und Retter,
auf den ich schaue.

Psalm 42

Zeit in Jerusalem

Er aber fing an, dem Volk dies Gleichnis zu sagen: Ein Mensch pflanzte einen Weinberg und verpachtete ihn an Bauern und zog für geraume Zeit außer Landes. Und zur Zeit sandte er einen Knecht zu den Bauern, sie sollten ihm von der Frucht des Weinbergs geben. Die Bauern aber, nachdem sie ihn geschlagen, sandten ihn leer weg. Und er machte weiter: Schickte einen anderen Knecht. Aber auch den schlugen sie, schändeten ihn und sandten ihn leer weg. Und er machte weiter: Schickte einen dritten. Aber auch diesen verwundeten sie und warfen ihn hinaus. Der Herr des Weinbergs aber sprach: Was soll ich machen? Ich will meinen Sohn schicken, den geliebten; vielleicht werden sie vor dem zurückscheuen. Doch als die Bauern ihn sahen, dachten sie miteinander nach und sagten: Das ist der Erbe! Töten wir ihn, daß unser das Erbteil werde. Und sie warfen ihn aus dem Weinberg hinaus und töteten ihn. Was wird nun der Herr des Weinbergs mit ihnen tun? Kommen wird er und diese Bauern zugrunde richten. Und den Weinberg wird er anderen geben. Als sie aber das hörten, sprachen sie: Möge dies nicht geschehen! Er aber blickte sie an und sprach: Was bedeutet denn dieses Schriftwort:

> Der Stein, den die Bauherrn verworfen,
> der ist zum Hauptstein geworden.
> Wer immer auf jenen Stein stürzt,
> wird zerschellen.
> Auf wen er aber stürzt, den wird er zermalmen.

Und die Schriftgelehrten und die Hohenpriester suchten Hand an ihn zu legen – zur selben Stunde noch. Doch sie fürchteten sich vor dem Volk; denn sie hatten erkannt, daß er auf sie hin dieses Gleichnis gesprochen hatte.

Lk 20,9–19

Das Königtum Gottes muss noch warten

Alles hat seine Zeit. Es war an der Zeit, nach Jerusalem zu gehen. Jesu Weg nach Jerusalem verlief jedoch nicht geradlinig. Es war ein Lehr-Weg, von Stadt zu Stadt, von Dorf zu Dorf (vgl. Lk 13,22), ohne sein Ziel aus den Augen zu verlieren: Jerusalem (vgl. Lk 9,51).
Der Psalm 137 drückt die innere Beziehung des Juden zu Jerusalem dramatisch aus:

> »Wenn ich dich je vergesse, Jerusalem,
> dann soll mir die rechte Hand verdorren.
> Die Zunge soll mir am Gaumen kleben,
> wenn ich an dich nicht mehr denke,
> wenn ich Jerusalem
> nicht zu meiner höchsten Freude erhebe.«
>
> (VV 5.6)

Der große Prophet Jeremia fordert seine Landsleute auf: »Denkt in der Ferne an den Herrn, und tragt Jerusalem in eurem Herzen« (Jer 51,50b). Und der Prophet Jesaja spricht von Jerusalem begeistert: »Die Herrlichkeit des Herrn geht leuchtend auf über dir« (Jes 60,1) und nennt es Gottes »heiligen Ort« (Jes 60,13), wo seine »Füße ruhen« (Jes 60,13). Der Prophet beschreibt Jerusalem als das Zentrum der Welt: »Völker wandern zu deinem Licht und Könige zu deinem strahlenden Glanz« (Jes 60,3). Und lag Jerusalem in Trümmern, wurde ein Gesalbter verheißen, der die Stadt als Sitz der Herrlichkeit Gottes wiederherstellen werde (vgl. Jes 61). Denn Gott liebt seine Stadt (Ps 87,2) und sein Heiligtum in ihr.

Aber Jerusalem hat auch eine andere Seite. Jesus kennt sie. Ahnungsvolle Gedanken begleiten seinen Weg nach Jerusalem: »Es geht nicht an, daß ein Prophet außerhalb Jerusalems zugrunde gerichtet wird« (Lk 13,33). Und er klagt: »Jerusalem, Jerusalem, das da tötet die Propheten und steinigt die zu ihm Gesandten! Wie oft habe ich deine Kinder sammeln wollen, wie eine Glucke ihre Küken unter den Flügeln sammelt – doch ihr habt nicht gewollt.« (Lk 13,34). Und unmittelbar bevor Jesus mit seinen Begleitern von Jericho aus die letzte Wegstrecke hinauf nach Jerusalem in Angriff nimmt, verschweigt ihnen Jesus wiederum nicht, was er dort erwartet: »Er (der Menschensohn) wird den Völkern ausgeliefert, verhöhnt und gedemütigt und angespuckt werden. Und nach der Auspeitschung werden sie ihn töten. Am dritten Tag aber wird er auferstehen.« (Lk 18,32–33). Diesen dritten Tag hatte er schon zuvor als *sein Ziel* beschrieben (vgl. Lk 13,32). Er ist das Ziel *seiner Zeit*, die sich in Jerusalem erfüllen wird.
Als er schließlich am *Ziel seines Weges* angelangt war und über den Ölberg auf Jerusalem zuging, bereiteten ihm seine Jünger einen *königlichen* Empfang:

»Gepriesen, der kommt, *der König*,
im Namen des Herrn!
Im Himmel: Friede!
Und Herrlichkeit: in den Höhen!«

(Lk 19,38)

Eine ähnliche Lobeshymne hatten die himmlischen Heerscharen nach seiner Geburt angestimmt. Allerdings priesen sie die Herrlichkeit Gottes in den Höhen und kündeten den Menschen auf der Erde Frieden an (vgl. Lk 2,13.14). Vom

Frieden auf Erden war nun nicht mehr die Rede. Pharisäer versuchten, die euphorische Menge zum Schweigen zu bringen. Jesus weint im Anblick Jerusalems und beteuert, dass Feinde sich der Stadt bemächtigen werden, kein Stein auf Stein in ihr bleiben werde, weil sie *die Zeit* nicht erkannt hatte, »die *gesehen* ward nach dir« (Lk 19,44). Schon früher hatte Zacharias, der Vater des Täufers Johannes, in einem Lobgesang über Gott gesagt: »Denn *hergesehen* hat er: Erlösung seinem Volk gebracht« (Lk 1,68).
Jesus wollte nach seinem Volk »sehen«. Die armen und einfachen Leute Galiläas und später Jerusalems wussten seine vielfältigen Rettungstaten zu schätzen. Aber besonders die jüdischen Schriftgelehrten und Hohenpriester stellten ihm Fallen, um ihn fassen und töten zu können. Und Herodes kollaborierte mit ihnen. Pontius Pilatus, der römische Statthalter, hätte kein Problem mit ihm gehabt. Als er Jesus kreuzigen ließ, gab er dem Druck der jüdischen Obrigkeit nach.

Die Deutung seines Schicksals in Jerusalem drückt Jesus selbst am besten in einer Gleichniserzählung aus:

> »Er aber fing an, dem Volk dies Gleichnis zu sagen: Ein Mensch pflanzte einen Weinberg und …«
>
> (Lk 20,9–19)

Dieses Gleichnis zielt auf die Schriftgelehrten und die Hohenpriester: Aus einer Liedkomposition im Jesaja-Buch kennen sie das Bild vom Weinberg: »Ja, der Weinberg des Herrn der Heere ist das Haus Israel« (Jes 5,7). Sie haben sich Israels bemächtigt und wollen ihre Macht erhalten. Der »geliebte Sohn«, der rechtmäßige Erbe, muss aus der Welt geschafft werden. Er hatte vom Königtum Gottes gesprochen. Wer davon spricht, muss beseitigt werden. *Für sie war die Zeit dafür nicht reif.* Es sprach so vieles dagegen. Sie erinnerten sich, dass er in Jerusalem wie ein König empfangen wurde. Er sprach von Erlösung, von Rettung, vom Loskauf Israels. Die kleinen Leute, die Armen, die Schwachen hatte er schon auf seine Seite gebracht. Sie waren sich bewusst, eine Wende konnte nur den Verlust ihrer religiösen Macht und ihres politischen Einflusses bedeuten. Was Jesus in Galiläa gelungen war, musste in Jerusalem rasch verhindert werden. So zogen sie ihre Vernichtungsfäden bis in den Freundeskreis Jesu, um ihn – vom Volk unbeachtet – »hinmorden« (Lk 22,2) zu können. Sein Jünger Judas, der Iskariot, wurde zu ihrem Werkzeug, für Geld.

Jesus spürte die nahende Bedrohung. Zum letzten Mal feiert er mit seinen Freunden das Fest der Ungesäuerten Brote, das Pascha. Nie mehr wieder dieses Brot essen. Nie mehr wieder aus dem Sederbecher trinken. Erst wieder, wenn das Königtum Gottes kommt. Bis dahin bleiben für die Seinen das Brot und der Wein als Gedächtnis an ihren Lehrer: sein Leib, sein Blut hingegeben und vergossen für sie.

Danach geht er mit den Jüngern zum Ölberg. Königlich ist er von dort in Jerusalem eingezogen. Aber in Jerusalem gelang es ihm nicht, die Fahnen seines Königtums zu hissen. *Die Zeit war noch nicht reif für sein Königtum.* Jerusalem mit seinen religiösen und politischen Machtmechanismen wußte es zu verhindern. Ein Kuss des Judas auf die Wange Jesu ist das Startsignal für die Macht der Schwerter und Knüppel, für die Stunde der Menschen und die Vollmacht der Finsternis. Das letzte Wegstück seines Lebens geht Jesus verlassen: Petrus leugnet, ihn zu kennen. Die Wachmannschaft schlägt und verhöhnt ihn.

Vor dem Rat der Religionsobrigkeit wird das Bekenntnis seiner Herkunft, Sohn Gottes zu sein, zum Schwergewicht der Anklage. Der Heide Pilatus hält ihn für unschuldig, beugt sich jedoch der Gewalt ihres Geschreis. Nicht Urteil, Nachgeben, damit das Geschrei aufhört: kreuzigen. Ein Menschenleben mehr oder weniger fällt nicht ins Gewicht.
Ein Jude, Simon von Zyrene, muss Jesus das Kreuz nachtragen. Frauen am Wegrand beklagen das Unrecht, das Jesus geschieht. Zu spät: »Ihr Töchter Jerusalems, weint nicht über mich, sondern über euch selber weint und über eure Kinder.« (Lk 23,28). *Jerusalem hat die Zeit, »da gesehen ward nach dir«* (Lk 19,44), *nicht erkannt.* Es ist zum Weinen.
Jesu Kreuzigung ist kein Sondertermin. Es wird wieder einmal gekreuzigt; zwei Übeltäter mit ihm. Sein Sterben: ein Schrei zum Vater und ein letzter Hauch. »König der Juden«, schrieb man auf sein Kreuz. Sein toter Leib »weht« stundenlang als seine Königsfahne über Jerusalem: In plötzliche Dunkelheit getaucht.

Josef, aus der jüdischen Stadt Arimathäa, ein guter und gerechter Mann, ein Ratsherr, der mit der Handlungsweise seiner Kollegen nicht einverstanden war, nimmt mit Erlaubnis des Pilatus den Leichnam Jesu vom Kreuz und bestattet ihn in einer neuen Gruft. Josef hätte gern das Königtum Gottes erlebt. Der »König« ist tot.
Zwei Tage später kamen Frauen, die Jesus aus Galiläa begleitet hatten, zur Gruft, um seinen Leichnam für die ewige Ruhe zu salben, aber er war nicht da. Zwei Männer in blitzendem Kleid gehen plötzlich auf sie zu. »Er ist nicht hier«, sagen sie, »auferweckt ward er« (Lk 24,6).

Der Tote ruht nicht. Der Auferstandene lässt sich bei den Seinen sehen. In Jerusalem. Auf der Straße nach Emmaus. Keine Vorwürfe, dass sie ihn verlassen hatten. Keine Abrechnung mit seinen Mördern und deren Helfern. Einsicht: Jerusalem war für *die Zeit des Königtums Gottes* noch nicht reif. Mit dem Ende *seiner Zeit* wird eine *neue Zeit* beginnen: Von Jerusalem aus soll allen Völkern in seinem Namen verkündet werden, dass Umkehr Nachlass der Sünden erwirkt. Das ist das Vermächtnis des Auferstandenen. Dann führt er die, die ihm auf seinem Lebensweg ans Herz gewachsen waren, nach Betanien, segnet sie noch einmal und wird in den Himmel emporgetragen. Nach Jerusalem zurückgekehrt, warten sie dort auf die Kraft aus der Höhe, die *sie* zu Zeugen macht, wie ihnen Jesus aufgetragen hatte. Es folgt *ihre Zeit*.
Die Kraft aus der Höhe *ließ sich Zeit*. Sie mussten 50 Tage warten, *die Zeit der Pentecoste*, bis Schawuot, bis Pfingsten.

W. S.

Irrtum der Täter

Am Rande der Welt
drei nackte Bäume

Die Ordnungskräfte
atmen auf: Beseitigt
der Sperrmüll Mensch
noch vor dem Fest
Und die Schwerter
der Besatzung
bleiben sauber

Aber dem Einen passen
ein paar Quadratmeter
Erde nicht. Erhobenen
Hauptes geht er
mitten durch den Tod
hindurch

Das Beerdigungsinstitut
kann es nicht verhindern
und die Hinterbliebenen
wollen es nicht
glauben

Wilhelm Bruners

Gebets-Zeit

Als der Herr das Los der Gefangenschaft Zions wendete,
da waren wir alle wie Träumende.
Da war unser Mund voll Lachen
und unsere Zunge voll Jubel.
Da sagte man unter den anderen Völkern:
»Der Herr hat an ihnen Großes getan.«
Ja, Großes hat der Herr an uns getan.
Da waren wir fröhlich.

Wende doch, Herr, unser Geschick,
wie du versiegte Bäche wieder füllst im Südland.
Die mit Tränen säen,
werden mit Jubel ernten.
Sie gehen hin unter Tränen
und tragen den Samen zur Aussaat.
Sie kommen wieder mit Jubel
und bringen ihre Garben ein.

Psalm 126

Zeit des Geistes

Im ersten Bericht, o Theophilus, habe ich von allem gehandelt, was Jesus angefangen hat zu tun und zu lehren – bis zu dem Tag, an dem er hinaufgenommen wurde, nachdem er Weisung gegeben den Sendboten, die er kraft heiligen Geistes ausgewählt hatte. Ihnen stellte er sich nach seinem Leiden durch viele Beweise als Lebender dar, indem er sich ihnen vierzig Tage hindurch zu sehen gab und über das Königtum Gottes redete.

Und im Umgang mit ihnen wies er sie an, sich nicht mehr von Jerusalem zu trennen, sondern die Verheißung des Vaters abzuwarten: die ihr gehört habt von mir. Johannes hat mit Wasser getauft, ihr aber werdet in heiligem Geist getauft werden – nicht lange nach diesen Tagen.

Die nun, die zusammengekommen waren, fragten ihn und sagten: Herr, ob du in dieser Zeit für Israel das Königtum wiederherstellst? Sprach er zu ihnen: Nicht eure Sache ist es, Zeitlauf und Zeitpunkt zu kennen, die der Vater gesetzt in ureigener Vollmacht. Aber Kraft werdet ihr empfangen, wenn der Heilige Geist über euch kommt. Und ihr werdet meine Zeugen sein in Jerusalem und in ganz Judäa und Samarien und bis an das Ende der Erde.

Apg 1,1–8

Die Preisung mit allen Völkern

Alles hat seine Zeit. Aber manchmal gerinnt Zeit. Sie hinterlässt Spuren. Wir begegnen ihr dann in Handschriften, Scherben, Mauern, Münzen oder auch in Abdrücken, Hand- und Fußspuren. Auf dem Ölberg, »der im Osten gegenüber Jerusalem liegt« (Sach 14,4), wie der Prophet Sacharja betont, fast an seiner höchsten Stelle, zeigt ein Muslim den Fußabdruck Jesu. »Hier hat er sich abgestoßen und wurde von Allah in den Himmel aufgenommen«, sagt er. Und der Muslim ist überzeugt, dass er hier auch wieder erscheint, um Gericht zu halten über alle. So haben es ihm seine Lehrer gesagt. Das ehemals christliche Heiligtum ist heute ein Torso und steingewordene Legende. Naiv?
Wieviele haben Spuren hinterlassen in dieser Stadt? Blutige Spuren oft, egal, ob sie Babylonier hießen oder Römer, Byzantiner oder Omayaden, Kreuzfahrer oder Osmanen …
Einer hinterließ diese eine Spur – nach einer alten Legende. Keine Blutspur. An die erinnert sich die Christenheit gegenüber auf dem Kalvarienberg, im Westen von Jerusalem. Aber es ist sein eigenes Blut, das auf den Golgotafelsen floss, nicht das anderer. Denn das kennt die Welt gut: Die Mächtigen vergießen Blut anderer, um als die »Großen« in die Geschichte einzugehen.

Er hatte versprochen wiederzukommen: »Und da! Ich komme bald.« (Offb 22,7). In der Zeit zwischen Ostern und Pfingsten fragen ihn die, die zusammengekommen waren: »Herr, ob du in dieser Zeit für Israel das Königtum wiederherstellst?« (Apg 1,6). Lukas schreibt materialistisch, handgreiflich über die Begegnung der Jünger mit dem Aufer-

standenen. Der Evangelist will keinen Zweifel aufkommen lassen: Er hat sich wirklich sehen lassen als der Auferweckte, er ist kein Gespenst (vgl. Lk 24,37–49).
Die Antwort auf das Ansinnen, das in dieser Frage liegt, ist eindeutig: »Nicht eure Sache ist es, Zeitlauf und Zeitpunkt zu kennen, die der Vater gesetzt in ureigener Vollmacht« (Apg 1,7). Das also ist es nicht. Es geht nicht mehr um die partikularistisch-politischen Interessen Israels, so begreiflich sie nach jahrhundertelangen Jahren der Unterdrückung auch sind.
Jetzt geht es um eine größere Gemeinschaft, die übergreifend ist, nationale Enge sprengt, die Vielen in sich zu einer neuen Gemeinschaft vereinigt. Lukas hat es einmal dem alten Simeon in den Mund gelegt:

> »Enthüllendes Licht: den Völkern!
> Und Herrlichkeit: deinem Volk Israel.«
>
> (Lk 2,32)

Die Segnung aller, die in Abraham und Sara, den Eltern des Glaubens wurzeln, die soll beginnen: »Durch dich sollen die Geschlechter der Erde Segen erlangen« (Gen 12,3), mit diesem Wort hatte Gott Abraham und die Seinen losgeschickt. Jetzt ist es der Auftrag, den der Auferstandene den Seinen gibt. Der Geist der Universalität ist ihnen zugesagt – der Geist, der vor keiner Grenze Halt macht – »bis an das Ende der Erde« (Apg 1,8).
Lukas erzählt die Begegnung der JüngerInnen mit dem Auferstandenen (in Jerusalem!) in der Ordnung der heiligen Wochen Israels zwischen Pesach und Schawuot (christlich: Ostern und Pfingsten). Eine heilige Zeit. Nachdem er empor-

gehoben worden ward, »aus ihren Augen fort« (Apg 1,9), nachdem ihnen gedeutet ist, dass sie ihren Blick jetzt nicht mehr nach oben richten sollen, damit sie den nächsten Schritt unten nicht verfehlen, gehen sie zurück nach Jerusalem – wie geboten. Und sie steigen ins Obergemach hinauf, die Elf »zusammen mit den Frauen und Maria, der Mutter Jesu, und seinen Brüdern«: »Sie alle verharrten einmütig im Gebet.« (Apg 1,14)

Die Zeit des Geistes ist die Zeit des einmütigen Gebetes. Darin liegt die ganze Zukunft, in der die Segnung aller stattfindet, die Segnung Israels und der Völker. Endlich soll sich bestätigen, was der Prophet Joël schon als Vision in sich trug:

> »Und geschehen wird es in den letzten Tagen
> – sagt Gott –
> Ich gieße von meinem Geist auf alles Fleisch.«
>
> (Apg 2,17)

Dem begeisterten Petrus werden diese Worte in den Mund gelegt. Und er erinnert seine ZuhörerInnen: Söhne und Töchter, Jünglinge und Alte, Knechte und Mägde – alle sind Kinder des Geistes. Wir wissen es schon lange, aber wir vergessen es immer wieder. Uralte Hoffnung – lasst sie endlich Wirklichkeit werden. Schawuot (Pfingsten) erinnert an die Gabe der Thora, am Sinai gegeben, die Gott allen ins Herz geschrieben hat. »Keiner wird mehr den andern belehren, man wird nicht zueinander sagen: Erkennt den Herrn!, sondern sie alle, klein und groß, werden mich erkennen – Spruch des Herrn« (Jer 31,34).

Eine Fußspur erinnert auf dem Ölberg, dass er uns genommen ist. Im Herzen trägt jeder Mensch die Fingerspur Gottes: »Ich lege mein Gesetz in sie hinein und schreibe es auf ihr Herz« (Jer 31,33). Das ist beim Propheten Jeremia Israel gesagt. Lukas versteht es universal, für alle.
Noch einmal kommen die Ältesten der Gemeinde zusammen und überlegen, wie das Zueinander von Juden und Völkerwelt ist. Ein gewisser Paulus provoziert dieses »Apostelkonzil« (Apg 15,1–35). Am Ende ist die Entscheidung klar und sehr praktisch. Die Juden in der Gemeinde gehen ihren Weg in der Tradition Israels weiter, die Hinzugetretenen aus der Völkerwelt gehen ihn in anderer Weise. Alle aber gehen ihn im Geist-Raum des einen Gottes:

> »Denn in ihm leben wir und bewegen wir uns
> und sind wir …« (Apg 17,28),

sagt der Ökumeniker Paulus auf dem Areopag den Griechen und verweist sie auf den Altar »an dem aufgeschrieben war: Einem unbekannten Gott« (Apg 17,23).
Einmal rief Johannes Paul II. die Weltreligionen zum gemeinsamen Gebet nach Assisi, an das Grab des Franziskus. Er rief sie nicht nach Rom, dem Sitz seiner Macht, er rief sie in die Stadt jenes Machtlosen, auf dessen Händen, Füßen und Herz die Fingerspur der Liebe Gottes brannte. Manchmal genügt ein kurzer Zeitpunkt, um über viele Jahrhunderte zu leuchten. Und für einen Augenblick steht sie auf: Gottes *eine* Welt, in der unser vielstimmiger Chor erklingt. Denn Gott ist der Eine, und wir sind die Vielen. Wir alle sind sein Reichtum.

W. B.

Pfingsten

Die Nacht war voller Musik
Tanz und Gesang
Die Thora hatten sie studiert
die alten Weisungen neu gehört
Auf dem Berg
waren sie gewesen
Die Stimme hatten sie gesehen

Jetzt taumelten sie in den Tag
noch blind von der ersten Sonne

Einige blieben
bis das Licht zum Feuer wuchs
der Wind zum Sturm
und sie ins Gebet trieb

in die Preisung
mit allen

Wilhelm Bruners

Gebets-Zeit

Ich freute mich, als man mir sagte:
    »Zum Haus des Herrn wollen wir pilgern.«
Schon stehen wir in deinen Toren Jerusalem: /
Jerusalem, du starke Stadt,
    dicht gebaut und fest gefügt.
Dorthin ziehen die Stämme hinauf, die Stämme des Herrn, /
wie es Israel geboten ist,
    den Namen des Herrn zu preisen.
Denn dort stehen Throne bereit für das Gericht,
    die Throne des Hauses David.

Erbittet für Jerusalem Frieden!
    Wer dich liebt, sei in dir geborgen.
Friede wohne in deinen Mauern,
    in deinen Häusern Geborgenheit.
Wegen meiner Brüder und Freunde
    will ich sagen: In dir sei Friede.
Wegen des Hauses des Herrn, unseres Gottes,
    will ich dir Glück erflehen.

Psalm 122

Zeit des Nachworts

Eben ist Zeit verstrichen. Sie haben lukanische Texte, Meditationen und religiöse Lyrik gelesen. Sie haben sich dafür Zeit genommen. Von *Ihrer Zeit* ein *Zeitraum.*

Millionen Jahre sind vergangen, seit Gott sagte: Es werde. Und er das Licht Tag und die Finsternis Nacht nannte. Und er dem Menschen seinen Uratem einhauchte. Der Wechsel von Licht und Finsternis ist Fortschritt der Zeit. Einatmen, Ausatmen schafft Lebens-Zeit.

Seit jener Zeit, seit Gott mit den Augen Jesu in seiner Schöpfung »Nachschau« hielt, zählt man die letzten 2000 Jahre. Künstliche Zeiträume. Zum Zeitpunkt menschlicher Geburt atmet sich Gott in den Lebensraum und Zeitrhythmus des Menschen ein.
Sein Lebensraum ist auf Landkarten zu finden: zwischen Mittelmeer und Jordanfluss. Nicht viel Spielraum. Enger Bewegungsraum. Erlebnisraum. Erfahrungsraum. Seine Lebensräume bestimmen seine Zeiträume. Inmitten eines Volkes, auf das er schon lange sein Auge geworfen hatte. Sein Volk.

Nun hält er »Nachschau« bei seinem Volk, Gottes alter Liebe seit langer Zeit. Er sieht die Armen und die Reichen. Er sieht, wie die religiösen Obrigkeiten seines Volkes Gott verwalten. Die Römer verwalten das gottgegebene Land der Juden. Er bemerkt, dass die Samariter keine bösen Leute sind. Auch nicht alle Zöllner. Kranke brauchen Heilung. Die einfachen Leute sind von der Idee eines Königtums Gottes begeistert.

Alles ist erlösungsbedürftig. Das Königtum Gottes könnte Abhilfe schaffen. Für manche ist das unvorstellbar, für manche unerwünscht.
Wohin ihn sein Weg führt: Erlösungsversuche. Aber die Lösung aller Probleme ist im Zeitraum eines einzelnen nicht zu schaffen. Bloße Kraft von unten ändert nur für kurze Zeit. Kraft von oben macht viele stark. Kraft von oben in den Zeiträumen vieler. Erlösung bis an die Grenzen der Erde. Von oben. Dort kennt man keine Zeiträume. Gottes Zeit ist Ewigkeit.

Heute halten PilgerInnen »Nachschau« im Lebensraum des Volkes Gottes, in den Lebensräumen des Jesus von Nazaret. Seine gute Nachricht begleitet sie auf dem Weg. Die Evangelien sind die gedeuteten Lebensräume Jesu in den Zeiträumen seines Lebens.

Seit jener Zeit zählt man die Jahre. 2000 hat man bisher gezählt. Solange man sie in Jesu Namen weiterzählt, bleiben die Zeiträume der Menschen seine Lebensräume, bleiben die Kraft von unten und die Kraft von oben Verbündete.

W. S.

Zur Zeit

Die Zeit im Grunde, Quinquin,
die Zeit, die ändert doch nichts an den Sachen.
Die Zeit, die ist ein sonderbar´ Ding.
Wenn man so hinlebt, ist sie rein gar nichts.
Aber dann auf einmal, da spürt man nichts als sie.
Sie ist um uns herum, sie ist auch in uns drinnen.
In den Gesichtern rieselt sie,
im Spiegel da rieselt sie,
in meinen Schläfen fließt sie.
Und zwischen mir und dir
da fließt sie wieder. Lautlos, wie eine Sanduhr.
Oh, Quinquin! Manchmal hör´ ich sie fließen,
unaufhaltsam.
Manchmal steh' ich auf mitten in der Nacht
und lass' die Uhren alle, alle stehn.
Allein, man muß sich auch vor ihr nicht fürchten.
Auch sie ist ein Geschöpf des Vaters, der uns alle
erschaffen hat.

Hugo von Hofmannsthal,
Der Rosenkavalier, Erster Aufzug
Zeitmonolog der Marschallin

Bleiben wir für die folgende Überlegung noch bei der meßbaren Dimension der Zeit: Jeder von uns hat noch ein gewisses Maß zu leben. Zum Glück wissen wir nicht, wieviel. Die uns verbleibende Zeit könnten wir mit einem Beutel vergleichen, in den wir jede Stunde greifen. Doch wann der Beutel leer sein wird, wissen wir erst beim letzten Griff. Jede Stunde des Lebens verbraucht sich – gleichgültig, was wir damit anfangen. Wir können keine Zeit »sparen«, die auf die hohe Kante legen, um dann vielleicht vor dem Tod das Ersparte noch ein wenig anzustückeln. Egal, ob wir eine Stunde nützen oder vertun – sie ist unwiederbringlich vorbei. So gesehen, ist die Zeit unser wertvollstes Gut, der Rohstoff des Lebens sozusagen. Auch mit Millionen jeglicher Währung können wir unser Leben nicht verlängern (davon abgesehen, daß Reiche vielleicht eine bessere medizinische Versorgung bekommen als Arme).

Peter Paul Kaspar
Die Uhren lügen –
Von der Gelassenheit im Umgang mit der Zeit.

Es ist nicht genug, daß wir geschaffen wurden, daß
wir auf der Welt sind, daß wir gläubige Christen
wurden.
Es soll, es hängt von uns ab, (...),
Daß dem Ewigen nicht das Zeitliche fehlt,
(Seltsame Umkehrung),
Daß dem Geistlichen nicht das Zeitliche fehlt,
Sagen wir alles (es ist kaum glaublich):
daß der Ewigkeit eine Zeit nicht fehlt,
Daß sie Zeit hat, eine gewisse Zeit.
Daß der Geist nicht ermangelt des Fleisches.
Daß die Seele, sozusagen, nicht ermangelt des Leibes.
Daß Jesus nicht ermangelt der Kirche,
Seiner Kirche.
Sagen wir ruhig auch das Letzte: Daß Gott nicht
ermangelt seiner Welt.

Das will sagen, es hängt von uns ab,
Daß die Hoffnung nicht lügt in der Welt.
Das heißt, man muß es sagen, es hängt an uns,
Daß das Mehr nicht ermangelt des Minder,
Daß das Unendlich Mehr nicht ermangelt des
Unendlich Nichtigen
Daß das Unendlich Alles nicht ermangelt des
Unendlich Unwichtigen.

Es hängt von uns ab, daß das Unendliche nicht
ermangelt des Endlichen.
Und das Vollkommne nicht ermangelt des Unfertigen.

Charles Péguy,
Das Tor zum Geheimnis der Hoffnung

trinität

jahwe
der vater
vom berge sinai

jesus der sohn
der galiläischen hügel

heiliger geist
die weite der welt
das meer.

Kurt Marti

Quellen

Alle *alttestamentlichen Texte* aus: Einheitsübersetzung der Heiligen Schrift, Die Bibel, Gesamtausgabe, © Verlag Katholische Bibelanstalt GmbH, Stuttgart 1980

Alle *neutestamentlichen Texte* aus: Das Neue Testament, übersetzt von Fridolin Stier, herausgeben von Beck/Miller/Sitarz, © Kösel-Verlag München/Patmos-Verlag, Düsseldorf 1989

Rose Ausländer, *Unendlich*, aus: Rose Ausländer, Mein Atem heißt jetzt, © S. Fischer Verlag GmbH, Frankfurt am Main 1981

Wilhelm Bruners, *Zukunft/Irrtum der Täter/Pfingsten*, aus: Wilhelm Bruners, Verabschiede die Nacht, © Klens Verlag GmbH, Düsseldorf 1999

Joachim Dachsel, *An jenem Tag*, aus: Joachim Dachsel, *Spuren im Spiegellicht*, © Buchverlag Union, München 1982

Hilde Domin, *Ecce Homo*, aus: Hilde Domin, Gesammelte Gedichte, © S. Fischer Verlag GmbH, Frankfurt am Main 1987

Markus Jaroschka, *ortlos*, aus: Paul Konrad Kurz (Hrsg.), Wem gehört die Erde, © Markus Jaroschka

Peter Paul Kaspar, *Die Uhren lügen*, © Tyrolia Verlag, Innsbruck-Wien 1997

Kurt Marti, *der zimmermann*, aus: Kurt Marti, Geduld und Revolte. Die Gedichte am Rand, © Radius-Verlag, Stuttgart 1995

Kurt Marti, *trinität*, aus: Kurt Marti, Meergedichte – Alpengedichte, © Fietkau Verlag, Berlin 1975

Charles Péguy, *Das Tor zum Geheimnis der Hoffnung*, übertragen von Hans Urs von Balthasar, aus: © Johannes Verlag Einsiedeln, Freiburg 1993, S. 83–85